Inhalt

Mindestlohn oder Kombilohn - was trägt zur Reduzierung der Arbeitslosenzahlen bei?

Kernthesen

Beitrag

Fallbeispiele

Weiterführende Literatur

Impressum

Mindestlohn oder Kombilohn - was trägt zur Reduzierung der Arbeitslosenzahlen bei?

M.Rinkenburger

Kernthesen

- In Deutschland wird derzeit die Frage bezüglich der Einführung von Kombi- und/oder Mindestlöhnen intensiv und kontrovers diskutiert. (1)
- Die Beschäftigungschancen von Arbeitslosen mit geringen Qualifikationen sollen dadurch erhöht werden. Für diese Zielgruppe soll die Aufnahme einer geregelten Arbeit wieder attraktiv werden.
- Die unterschiedlichen Rahmenbedingungen

und individuellen Bedürfnisse von Staat, Arbeitgebern und Arbeitnehmern müssen dabei berücksichtigt werden. Es darf zu keinen reinen Mitnahmeeffekten kommen, die die Staatskassen stark belasten würden.

Beitrag

Die Arbeitslosensituation in Deutschland stellt die Bundesregierung weiterhin vor schier unüberwindbare Herausforderungen. Die derzeitige staatliche Unterstützung bei Arbeitslosigkeit führt immer noch dazu, dass es sich viele Arbeitslose mit Unterstützung der Arbeitslosen- oder Sozialhilfe gemütlich machen und gar kein Interesse daran haben einer geregelten Arbeit nachzugehen. (8) Insbesondere für Langzeitarbeitslose und jenen mit geringen Qualifikationen müssen die aktuellen Beschäftigungsbedingungen verändert bzw. neue geschaffen werden. Diese Zielgruppe der Arbeitslosen muss dazu gebracht werden, wieder selbst Geld für den Lebensunterhalt zu verdienen, anstatt auf Kosten der übrigen Gesellschaft zu leben. (3), (9) Seitens der SPD wurde zu diesem Zweck die Einführung eines Mindestlohnes favorisiert. Die Union spricht sich dagegen verstärkt für einen Kombilohn aus. Eine Kombination aus beiden Modellen könnte die Forderung beider Parteien berücksichtigen. (2)

Zielgruppe

Die Zielgruppe lässt sich unterscheiden in Personen und Tätigkeiten. Zum einen handelt es sich vor allem um die Gruppe der Geringqualifizierten, die einen sehr hohen Anteil an der deutschen Arbeitslosenquote haben. (6) Mehr als die Hälfte der Empfänger von Arbeitslosengeld II ist bereits länger als ein Jahr arbeitslos (7). Diese Menschen müssen langfristig wieder in Lohn und Brot gebracht werden. Seitens der Tätigkeiten lässt sich feststellen, dass immer mehr Tätigkeiten im Niedriglohnsektor wegfallen. Das bedeutet, dass Menschen mit geringen oder fehlenden Qualifikationen auch weniger Möglichkeiten haben, Aufgaben in ihrem Umfeld zu finden. (9) Im Blickpunkt aller Anstrengungen stehen deshalb jene Tätigkeiten, für die kaum Qualifikationen notwendig sind wie Handlangertätigkeiten, Botengänge oder viele Jobs des immer größer werdenden Schwarzmarktes. (8)

Was wird unter einem Kombilohn verstanden?

Beim Kombilohn legt der Staat auf den Lohn des Arbeitgebers noch etwas drauf. Die Arbeitgeber zahlen nur einen entsprechenden Niedriglohn für einfache Arbeiten. Der Arbeitnehmer erhält zu diesem Gehalt zusätzlich noch einen staatlichen Lohnzuschuss, damit er dann von dem gesamten Einkommen leben kann. (5) Es gibt aber keinen festgelegten Mindestlohn sondern die Arbeitgeber bestimmen diesen selbst.

Argumente pro und contra für Kombilöhne?

Pro:
· Arbeitnehmer können auch Jobs akzeptieren, die unterhalb des Arbeitslosengeldes oder der Sozialhilfe liegen. Die Differenz würde dann durch einen entsprechenden Zuschuss vom Staat ausgeglichen. (6)
· Der Staat würde auf diesem Weg die Beschäftigung subventionieren und nicht wie bisher die Arbeitslosigkeit unterstützen. (5)

Contra:
· Wenn es parallel dazu keine vorgeschriebenen Mindestlöhne gibt könnten die Arbeitgeber die Lohnspirale beliebig nach unten drehen und die

staatlichen Subventionen in die Höhe treiben (5)
· Unternehmen müssen zusätzlich Stellen anbieten. Es darf nicht passieren, dass bestehende Vollzeitstellen abgebaut werden und diese dann durch andere Aufgaben im Kombilohnbereich substituiert würden
· Es könnte zu Mitnahmeeffekten der Arbeitgeber kommen. D. h. es werden für bestimmte Aufgaben immer nur billige Arbeitskräfte eingestellt, die niedrigste Löhne erhalten. Wenn diese Arbeitnehmer zu teuer werden, könnte es passieren, dass Arbeitgeber stattdessen wieder günstigere Arbeitnehmer einstellen, die wieder von der Förderung profitieren und staatliche Zuschüsse erhalten. (9)

Was wird unter einem Mindestlohn verstanden?

Die Einführung eines Mindestlohnes bedeutet, dass für alle oder für bestimmte Branchen seitens der Politik Mindestlöhne bestimmt werden, die nicht unterschritten werden dürfen. (10)

Argumente pro und contra für

Mindestlohn?

Pro:
· Die Tarifbindung wird von immer mehr Unternehmen aufgegeben. Das hat zur Folge, dass Löhne individuell vereinbart bzw. festgelegt werden. Aufgrund des immer stärker werdenden Konkurrenzdrucks aus dem Ausland könnten dadurch die Löhne immer weiter sinken um wettbewerbsfähig zu bleiben. Die Einführung eines gesetzlichen Mindestlohnes könnte diese Lohnspirale nach unten auf einem bestimmten Niveau stoppen. (2)

Contra:
· Tätigkeiten unterhalb des Mindestlohnes könnten ins Ausland verlagert oder von billigeren ausländischen Subunternehmen übernommen werden. (4)
· Durch Mindestlöhne könnte die Schwarzarbeit stark ansteigen, da Arbeitgeber nicht bereit sein werden, alle Tätigkeiten auf das Mindestlohnniveau anzuheben. (3)
· Arbeitnehmer erhalten den gesetzlichen Mindestlohn, müssen aber unbezahlte Überstunden machen, was de facto auch einen niedrigeren Lohn zur Folge hätte. (4)
· Eine Festlegung des richtigen Mindestlohnes ist sehr schwer. Wird der Mindestlohn zu hoch angesetzt

wären viele Arbeitsplätze die heute mit geringeren Löhnen entlohnt werden stark gefährdet bzw. diese könnten auch ganz wegfallen. Wird der Mindestlohn zu niedrig angesetzt könnten Arbeitnehmer auf die Idee kommen, bei Tätigkeiten mit höheren Lohnniveaus die Gehälter auf das gesetzliche Minimum herunterzuschrauben, da die Arbeitnehmer die Differenz dann vom Staat erstattet bekommen würden. (2)

Kombination aus Mindestlohn und Kombilohn

Eine Kombination aus beiden Optionen wird von verschiedenen Gruppierungen favorisiert. Dies hätte zur Folge, dass die Unternehmen die Lohnspirale nicht beliebig weit nach unten drehen könnten da es einen festgeschriebenen Mindestlohn gibt. Wenn diese Löhne unter einem zum Lebensunterhalt notwendigen Einkommen liegen würden, dann könnten die Arbeitnehmer in diesen Fällen einen Zuschuss vom Staat erhalten. Die Arbeitgeber könnten entsprechende Tätigkeiten im Land anbieten und würden trotzdem Konkurrenzfähig bleiben.

Welche Ziele verbergen sich hinter einem Mindest- oder Kombilohn?

· Die Aufnahme einer Beschäftigung muss sich im Vergleich zum Bezug von Arbeitslosengeld lohnen.
· Unternehmen sollen wieder vermehrt gering qualifizierte Arbeitnehmer einstellen und neue Jobs auf diesem Niveau schaffen. (7)
· Gering qualifizierte Arbeitskräfte sollen wieder einen Einstieg ins Berufsleben finden, ihre Qualifikationen erweitern und langfristig wieder ein Einkommen ohne staatliche Unterstützung beziehen können.

Fallbeispiele

In Deutschland gibt es bereits Modelle mit dem Charakter eines Kombilohnes. Es handelt sich um die nicht sozialversicherungspflichtigen Mini-Jobs. Bei diesen Jobs wird der Arbeitnehmer in der Krankenkasse durch die Familienversicherung und bei der Rentenversicherung durch die Hinterbliebenenversorgung unterstützt. (1)

Eine erste Form von Kombilohn erhalten die Ein-Euro-Jobber. Diese dürfen neben dem Bezug von Arbeitslosengeld II zusätzlich 30 Stunden pro Woche für ein bis zwei Euro arbeiten. Hierbei ergibt sich aber der negative Effekt, dass immer öfter Ein-Euro-Jobber für Tätigkeiten herangezogen werden, die vorher von Handwerkern oder sonstigen Arbeitnehmern übernommen wurden. Diese negative Entwicklung hat zur Folge, dass damit reguläre Arbeitsplätze abgebaut und durch Ein-Euro-Jobber ersetzt werden. (5)

Auf staatliche Kosten lässt es sich in Deutschland in vielen Städten ganz gut leben. Ein verheirateter Vater mit zwei Kindern erhält ohne eigene Beschäftigung vom Staat ein Nettoeinkommen von 1 574,00 Euro. Würde dieser einer regulären Beschäftigung nachgehen müsste er pro Stunde mindestens zehn bis zwölf Euro brutto verdienen, um am Monatsende ein entsprechendes Nettoeinkommen zu erhalten. (8)

Die sehr hohe soziale Absicherung stellt in Deutschland eine Art Mindestlohn dar. Unter dieser Summe lohnt es sich eigentlich nicht, einer geregelten Arbeit nachzugehen. Parallel dazu verringern sich aufgrund steigender Tarifgehälter die Jobangebote für niedrig Qualifizierte, so dass diese auch immer weniger die Möglichkeit haben eine neue Stelle zu finden. (8)

In Österreich wurde der Kombilohn bereits umgesetzt. Dort erhalten Jugendliche sowie Arbeitnehmer über 45 Jahren bis zu bestimmten Einkommensgrenzen einen staatlichen Zuschuss zum Lohn. (8)

In den USA gibt es eine Einkommensteuergutschrift für alle, die einer sozialversicherungspflichtigen Tätigkeit nachgehen, deren Einkommen aber unter einer bestimmten Grenze bleibt. Sozialhilfe erhält nur derjenige der einer Arbeit nachgeht und sollte jemand keine Arbeit finden, dann wird ihm eine kommunale Arbeit angeboten. Wird diese abgelehnt, dann geht jeglicher Anspruch auf Sozialhilfe verloren. (8)

Weiterführende Literatur

(1) Seziertisch Kombilohn gibt es längst
aus Frankfurter Rundschau v. 24.02.2006, S.27,
Ausgabe: S Stadt

(2) O.V., Debatte um Mindestlohn bekommt Konturen, FAZ.NET, 23.02.2006
aus Frankfurter Rundschau v. 24.02.2006, S.27,
Ausgabe: S Stadt

(3) Kombilohn für Arbeitgeber kein «Allheilmittel»
aus netzeitung.de vom 21.02.2006

(4) «Wir haben schon einen Mindestlohn»
aus netzeitung.de vom 21.02.2006

(5) O.V. Debatte Kombilohn: Der nächste Flopp?, Frankfurter Neue Presse, Gemeinsame Ausgabe vom 18.02.2006, S. 4
aus netzeitung.de vom 21.02.2006

(6) Experten warnen vor Gespensterdebatten
aus Stuttgarter Zeitung, 14.02.2006, S. 11

(7) Kombilohn ist keine neue Idee
aus Süddeutsche Zeitung, 06.02.2006, Ausgabe Deutschland, S. 2

(8) Ackermann, Rolf / Gräf Peter, Kombi lohnt, WW, NR. 6, 02.02.2006, S. 18
aus Süddeutsche Zeitung, 06.02.2006, Ausgabe Deutschland, S. 2

(9) DGB sieht Kombilohn-Modellprojekt als gescheitert an Für den Staat zu kostspielig, für Arbeitnehmer "Verfestigung von Armut" / Sozialministerium plädiert trotzdem für bundesweiten Test
aus Frankfurter Rundschau v. 06.02.2006, S.34, Ausgabe: S Stadt

(10) Müntefering prescht bei Mindestlohn vor Bundesarbeitsminister kündigt Vorschlag für

gesetzliche Regelung für zweite Jahreshälfte an ·
Skepsis bei SPD-Experten
aus Financial Times Deutschland vom 10.02.2006,
Seite 9

Impressum

Mindestlohn oder Kombilohn - was trägt zur Reduzierung der Arbeitslosenzahlen bei?

Bibliografische Information der deutschen Nationalbibliothek

Die Deutsche Nationalbibliothek verzeichnet diese Publikation in der deutschen Nationalbibliografie; detaillierte bibliografische Daten sind im Internet über http://dnb.d-nb.de abrufbar.

ISBN: 978-3-7379-0902-0

© 2015 GBI-Genios Deutsche Wirtschaftsdatenbank GmbH, Freischützstraße 96, 81927 München, www.genios.de

Alle Rechte vorbehalten. Dieses Werk ist einschließlich aller seiner Teile – z.B. Texte, Tabellen und Grafiken - urheberrechtlich geschützt. Jede Verwertung außerhalb der Grenzen des Urheberrechtsgesetzes bedarf der vorherigen Zustimmung des Verlags. Dies gilt insbesondere auch für auszugsweise Nachdrucke, fotomechanische

Vervielfältigungen (Fotokopie/Mikroskopie), Übersetzungen, Auswertungen durch Datenbanken oder ähnliche Einrichtungen und die Einspeicherung und Verarbeitung in elektronischen Systemen.